Rum 2023

Upoznajte se s okusima rumom inspirirane karipske kuhinje

Matija Mlakar

SAŽETAK

GOSLING MARTINI Jabukovača od naranče 12
PIZZA OD GROŽĐA 13
ŽIVICA 14
ISKOPAČ GROBOVA 15
SJAJNA BIJELA 16
ZELENI MAJMUN 17
ZELENA PAPIGA 18
GUAYAVITA 19
SRETAN KRAJ GILLIGAN 20
TVRDI ŠEŠIR 21
HAVANA I BANANA FIZZ 22
SELO HAVANA AUTO 23
POSEBNA HAVANA 24
HAVAJSKA BOJA 25
HAVAJSKA HULA 26
HAVAJSKA NOĆ 27
HAVAJSKE VRTNE CIPELE 28
HEMINGWAY DAIQUIRI 29
BANANA SVETA KRAVA 30
VRUĆI MASLAC RUM 31
TOPLI RUM PUNC I JABUKOVAC 32
VRUĆI TATA VOODOO 33
VRIJEME ZA BEND 34
HUMMER 35
Uragan ANDREW 36

ledolomac	37
U RUŽAMA	38
ravnodušna dama	39
NIKADA NIJE MEĐUNARODNO	40
ISLA VELIKI LEDENI ČAJ	41
OTOČKI ZALAZAK SUNCA	42
ŠUMSKI OTOK	43
TALIJANSKA COLADA	44
ŽAD	45
JAMAJSKI SNIJEG	46
ODMOR NA JAMAJCI	47
JAMAJČANSKI SHAKE	48
JAMAJKA ZALAZAK SUNCA	49
BUĐENJE ZA JAMAJKU	50
Ljubomorni ljubavnik	51
JONESTOWN HLAĐENJE	52
JUMBLE BEER	53
PLEŠI I POLJUBI ME	54
PLES BANANA-NANA	55
ZVJUČI PLAMEN	56
KAHLUA COLADA	57
SAN O MASTER TURPIJAMA	58
KEY WEST PJESMA	59
UBITI 'COLU	60
UBOJNA COLADA	61
RITA UBOJICA	62
KAVA KINGSTON	63

Kingston Kozmos	64
KINGSTON KISELO	65
COCO-COLA	66
KON-TIKI	67
DOBRODOŠLI	68
gospodine HAMILTON	69
SMIJEH	70
SVJETLO I OLUJE	71
SVJEŽI LIMUN	72
VAPNO LUAU	73
LIMÓN MERINGUE PITA ŠOT DRINK	74
SLIKA LJUBAVI	75
ŠTAP LJUBAVI	76
SRETAN TEMELJ	77
MALIBU ACOMPÁÑAME	78
MALIBU POSLIJE TAN	79
MALIBU BANANA KRAVA	80
MALIBU BANANA-SPLIT BOBIČASTO VOĆE	81
MALIBU BANANA MANGO BREEZE	82
MALIBU BANANA PRVA	83
MALIBU SPLIT BANANA	84
MALIBU BANANA TROPIC-TINI	85
BANANA MALIBU ZINGER	86
PLAŽA MALIBU	87
MALIBU PLAVA LAGUNA	88
MALIBU KARIBI	89
MALIBU COCO COLADA MARTINI	90

MALIBU COCO-COSMO 91

MALIBU COCO-LIBRE 92

MALIBU KREMA KOKOS 93

MALIBU HLADNJAK ZA KOKOS 94

MALIBU LJETO BEZ KRAJA 95

MALIBU FRANCUSKI NOGOMET 96

DJEVIČANSKI OTOK MALIBU 97

MALIBU MANGO BAY BREEZE 98

MALIBU MANGO KAMIKAZE 99

MALIBU MANGO-LIMETA MARTINI 100

MALIBU MANGO OVO NIKADA 101

MALIBU MARGARITA 102

MALIBU MEGA-ORAH 103

MALIBU MEKSIČKA MAMA 104

PONOĆNA MALIBU BREZA 105

MALIBU NOĆE LIBRE 106

PLAŽA MALIBU 107

MALIBU KOLADA OD NARANČE 108

MALIBU ORANGE PASSION 109

PLODOVI MALIBUOVE STRASTI ZA SVEMIROM 110

MALIBU SAKE OD MARAKUJE-TINI 111

MALIBU PASSION POPPER 112

MALIBU ČAJ OD STRASTI 113

KOZMOPOLITSKI ANANAS MALIBU 114

MALIBU ANANAS KUGLICA 115

MALIBU ANANAS 116

MALIBU ANANAPLETINI 117

MALIBU RUM KUGLICA	118
MALIBU SOL	119
MALIBU LJETNA KIŠA	120
MALIBU Tan	121
MALIBU SLATKI OTROV	122
MALIBU TEQUILA BANANA	123
MALIBU TROPICAL BANANA SEX-A-PEEL	124
MALIBU TROPSKA BREZA	125
MALIBU TROPICAL BLAST	126
TROPSKA OAZA MALIBU	127
MALIBU TROPSKA SANGRIJA	128
MALIBU TROPSKA KISELINA	129
MALIBU TROPSKI ZALAZAK SUNCA	130
MALIBU VANILIJA BANANA-TINI	131
MALIBU DREAM VANILLA	132
MAJKA WANA	133
KRALJ MAMBA	134
LJUDJEDAC	135
MANGO BAJITO	136
MANGO (ILI GUAVA) DAIQUIRI	137
SAN ZAMRZNUTOG MANGA	138
MANGO MADRAS	139
MANGO NIKADA OVO	140
MANGO MAMBO	141
PROLIVANJE MANGA	142
MARTY MOJO	143
MARIJA PICKFORD	144

MIAMI SPECIJAL 145
MILIJUNAŠ 146
MILIJUNAŠ I NJEGOVA ŽENA 147
LUDA MISIJA 148
MO BAIA MARTINI 149
MOJITO (267 POTPIS MANGA) 150
MOJITO (jabuka kruška) 151
MOJITO (PČELA) 152
MOJITO (ZLATNI BERMUDI) 153
MOJITO (velika jabuka) 154
MOJITO (LIMETA BRINLEY) 155
MOJITO (RUM KOKOS) 156
MOJITO (KRASTAVAC) 157
MOJITO (ĐUMBIR) 158
MOJITO (VELIKA DINJA) 159
MOJITO (RUM S LIMUNOM) 160
MOJITO (BACARDI S NISKIM KAL.) 161
MOJITO (MANGO MALIBU) 162
MOJITO (MALIBU STRAKUJKA) 163
MOJITO (Milijunaš) 164
MOJITO (MALIBU NOCHE BLANCA) 165
MOJITO (O) 166
MOJITO (ORIGINALNI BACARDI) 167
MOJITO (RUM OD CRVENE BRESKVE) 168
MOJITO (SONNY'S) 169
MOJITO (ljuto) 170
MOJITO (TRADICIONALNI / KUBANSKI) 171

MOJITO (VODENI KLUB)	172
MOJITO (šumsko voće)	173
MOJITO (ZIMA)	174
MOJITO MARTINI	175
MAJČINA SANGRIJA	176
POSEBAN MAJMUN	177
KLJUČNI majmun	178
MARGARETA OD MONTAGUE	179
U NASTAVKU MJESECA	180
MORGANOVA LOPTA	181
JOLLY ROGER OD MORGANA	182
CRVENA MORGAN RUST	183
RIM KOJI JE OSVOJIO ALEXANDER MORGAN	184
ŽENA Morgan	185
GAY DEL MONTE GRINDER	186
GOSPOD. LIZATI	187
MTB I đumbir	188
SCREZZO Isključeno	189
MYERS UMAK OD JABUKA	190
Myersov toplinski val	191
MYERS LONAC ZA MED	192
MYERS LIMUN DROPS	193
LIZARD U MYERS LOUNGE	194
RUM I VRUĆA TROPSKA KARA	195
BOCA RUM OF MYERS	196
DOBRO DOŠAO MYERS ROME	197
MYERS'S ROM HOLIDAY GROG	198

MYERS'S ROM HOLDAY NOG	199
RUM MYERS VRTNI PUNČ	200
MYERS' ROM SHARKBITE	201
SUNČANI KOKTEL MYERS RUM	202
MYERS SIZZER	203
PUNCH BANCO DI MIRTO	204
GROG MARINO	205
NEON	206
NEWFOUNDLAND NIGHT CAP	207
NILLA COLA	208
NINETINI	209
NUFF RUM	210
NYOTA (SVAHILSKA ZVIJEZDA)	211
STARE BERMUDE	212
"SAVRŠEN" KOKTEL	213
NARANČASTA ZDJELA	214
KOLADA NARANČA	215
ORIGINALNA PIÑA COLADA	216
ZLATO I SODA	217
ZLATO Cosmo	218

GOSLING MARTINI Jabukovača od naranče

3 oz ruma Gosling's Gold Bermuda

1 čajna žličica. mješavina šećera i cimeta

narančasti klin

3 oz vruće jabukovače, hladno

¼ unce soka od naranče

¼ oz Cointreau

Narančasti uvojak za ukras

    U tanjur dodajte šećer i cimet. Protrljajte krišku naranče preko ruba čaše za martini i umočite u cimet šećer. Promućkajte preostale sastojke preko leda i ulijte u obrubljenu čašu za martini. Ukrasite koricom naranče.

PIZZA OD GROŽĐA

1¼ oz ruma Bacardi Light

sok od grožđa za punjenje

kriška limete ili limuna

Ulijte Bacardi svijetli rum u visoku čašu s ledom. Napunite sokom od grožđa i dodajte malo limete ili limuna.

ŽIVICA

1 oz. Bacardi svijetli rum

¼ oz Hiram Walker krema od mente

1/2 unce vrhnja

Pomiješajte s mrvljenim ledom.

ISKOPAČ GROBOVA

½ oz Stroh 80 ruma

½ unce Malibu ruma

½ oz Midori

3 unce soka od ananasa

Poslužite s ledom u visokoj čaši.

SJAJNA BIJELA

1 oz. Whalerov fini bijeli rum

1 oz. sok od borovnice

4 oz. sok od naranče

kriška limuna za ukras

Ulijte sastojke u koktel čašu s ledom. Ukrasite kriškom limuna.

ZELENI MAJMUN

1 ½ oz. Malibu Tropical Banana Rum

¾ dijela likera od dinje

1 ½ oz. svježe kiselo

1 ½ oz. sok od ananasa

Protresite s ledom. Poslužite s ledom.

ZELENA PAPIGA

1 ½ oz. Rum Appleton Estate V / X

4 oz. sok od naranče

1 oz. Plavi Curacao

kriška naranče za ukras

Ulijte sastojke jedan po jedan gornjim redoslijedom u veliku čašu s drškom na ledu. Nemojte miješati. Ukrasite kriškom naranče.

GUAYAVITA

1 ½ oz. Rum Flor de Caña Grand 7 Year Reserve

1 oz. pulpa guave

2 oz mješavine kiseline

Protresite i poslužite s ledom.

SRETAN KRAJ GILLIGAN

1 oz. Malibu kokosov rum

1 oz. Malibu mango rum

1 oz. Malibu Tropical Banana Rum

½ unce soka od brusnice

½ unce soka od ananasa

višnje za dekoraciju

Protresite s ledom i poslužite s ledom. Ukrasite trešnjom.

TVRDI ŠEŠIR

1¼ oz Bacardi srebrnog ruma

1¼ unce svježeg soka od limete

1 čajna žličica. šećer

¼ unce ružinog grenadina

klub soda napuniti

Promućkajte prva tri sastojka s ledom i procijedite u posudu od 10 oz. stakla Napunite klub sodom.

HAVANA I BANANA FIZZ

2 oz svijetlog ruma

2½ unce soka od ananasa

1 ½ oz. svježi sok od limete

Lines 3-5 Peychaud bitters

1/3 banane, narezane na ploške

gorki limun soda za punjenje

    Pomiješajte prvih pet sastojaka. Napunite sodom od gorkog limuna.

SELO HAVANA AUTO

1 ½ oz. Puerto Rico Golden Rum

¾ unce limunovog soka

¾ trostruke unce sek

Pomiješajte s 3-4 kockice leda.

POSEBNA HAVANA

2 oz bijelog ruma

1 velika žlica. maraskino liker od višnje

½ žlice šećer

1 oz. sok od limuna ili limete

Protresite i poslužite s ledom.

HAVAJSKA BOJA

1 ½ oz. Bacardi svijetli rum

1 oz. sok od ananasa

¼ unce soka od limuna ili limete

¼ unce grenadina

klub soda gore

Ulijte prva četiri sastojka u čašu i prelijte gaziranim sokom.

HAVAJSKA HULA

1½ dijela malibu tropskog banana ruma

¾ dijela nektara guave

¾ dijela svježe kisele smjese

narančasti vadičep za ukras

Protresite i procijedite u čašu za martini. Ukrasite narančastim vadičepom.

HAVAJSKA NOĆ

1 oz. Bacardi svijetli rum

¼ oz Hiram Walker rakije s okusom trešnje

sok od ananasa za nadjev

Ulijte Bacardi Light Rum u visoku čašu do pola napunjenu ledom. Napunite sokom od ananasa i prelijte rakijom s okusom višnje.

HAVAJSKE VRTNE CIPELE

1 ½ oz. Pyrat XO rezerva ruma

½ unce likera od citrusa

1 ½ oz. svježe slatko i kiselo

½ unce jednostavnog sirupa

½ kriške oguljenog ananasa

đumbirovo pivo

grančica metvice za ukras

kristalizirani đumbir za ukras

    Umutiti prvih pet sastojaka. Napunite pivom od đumbira, pa ulijte u čašu s ledom. Ukrasite grančicom svježe mente i kandiranim đumbirom.

118

HEMINGWAY DAIQUIRI

1 ½ oz. 10 kanti ruma

½ unce Luxardo Maraschino likera od višnje

1 oz. svježe iscijeđeni sok od grejpa

½ unce svježe iscijeđenog soka limete

½ unce jednostavnog sirupa

vapneno kolo za ukras

crna trešnja za ukrašavanje

    Pomiješajte sve sastojke u čaši za miješanje. Dodajte led i snažno protresite. Procijedite u vrlo ohlađenu čašu za koktel. Ukrasite kolutom limete i crnom trešnjom na ražnjiću.

BANANA SVETA KRAVA

1 oz. Roman Šango

1 oz. krema od banane

1 ½ oz. krema

prstohvat grenadina

kriška banane za ukras

naribani muškatni oraščić za ukras

    Promućkajte s mrvljenim ledom i procijedite u čašu. Na vrh stavite krišku banane i lagano pospite muškatnim oraščićem.

VRUĆI MASLAC RUM

1 oz. Rum Whaler's Vanille, po porciji

1 šalica šećera

1 šalica smeđeg šećera

1 šalica maslaca

2 šalice sladoleda od vanilije

¾ šalice kipuće vode, po porciji

naribani muškatni oraščić za ukras

    Pomiješajte šećer i maslac u loncu od 2 litre. Kuhajte na laganoj vatri uz miješanje dok se maslac ne rastopi. Skuhanu smjesu pomiješajte sa sladoledom u velikoj zdjeli i miksajte na srednjoj brzini dok smjesa ne postane glatka. Ostavite u hladnjaku do 2 tjedna ili zamrznite do mjesec dana. Za svako posluživanje napunite ¼ šalice mješavine i dodajte 1 oz. Whale vanilin rum i ¾ šalice kipuće vode. Pospite muškatnim oraščićem.

TOPLI RUM PUNC I JABUKOVAC

1 boca (750 ml) Don Q svijetlog ruma

1/2 galona jabukovače

klinčići za ukrašavanje

kriške limuna za ukras

štapići cimeta za ukras

Don Q Light Rum ulijte u zdjelu i dodajte zagrijani jabučni cider. Tresti. Ukrasite kriškama limuna i klinčićima. Dodajte štapić cimeta u svaku šalicu za dodatni okus. On služi 12.

VRUĆI TATA VOODOO

1 oz. VooDoo začinjeni rum

½ unce rakije od karamele

5 unci vruće čokolade

šlag na vrhu

Pomiješajte prva tri sastojka u šalici i ukrasite šlagom.

VRIJEME ZA BEND

1 ½ oz. Vrhunski začinjeni rum Admirala Nelsona

4 oz. sok od naranče

pospite grenadinom

    Poslužite s ledom.

HUMMER

1 oz. Vrhunski začinjeni rum Admirala Nelsona

1 oz. Lolita kava

2 kuglice sladoleda od vanilije

Pomiješajte s mrvljenim ledom i poslužite u ukrasnoj čaši.

Uragan ANDREW

1 oz. Rum u boji Cockspur Five Star

1 oz. Cockspur bijeli rum

1 oz. orgeat sirup

1 oz. sok od marakuje

3 unce soka od naranče

1/2 unce soka od limete

maraskino višnje za ukras

kriška naranče za ukras

　　Dobro protresite s ledom i procijedite u ohlađenu highball čašu. Ukrasite višnjama maraskinom, kriškom naranče i kišobranom.

ledolomac

½ oz Myersov izvorni tamni rum

¼ unce noa kreme

¼ unce konjaka

¼ unce džina

2 unce soka od limuna

1 oz. sok od naranče

    Tresti.

U RUŽAMA

1¼ oz Myersov originalni krem rum

1 oz. Coco Lopez prava krema od kokosa

1 čajna žličica. Grenadin

Pomiješajte s ledom.

ravnodušna dama

¾ oz originalnog začinjenog ruma Captain Morgan.

¾ unce soka od limete

1 čajna žličica. jednostavan sirup

3 oz klub soda

Prelijte rum, sok i sirup preko leda u highball čaši. Tresti. Dodajte sodu bikarbonu i lagano promiješajte.

NIKADA NIJE MEĐUNARODNO

½ unce Malibu ruma

½ oz Myersov izvorni tamni rum

½ unce ruma

1 čajna žličica. orgeat sirup

2 unce soka od ananasa

2 oz mješavine slatkog i kiselog

Pomiješajte s ledom. Poslužite u visokoj čaši.

ISLA VELIKI LEDENI ČAJ

1 ½ oz. Portorikanski tamni rum

3 unce soka od ananasa

3 unce nezaslađenog kuhanog ledenog čaja

kriške limuna ili limete za ukras

Ulijte u visoku čašu s ledom. Ukrasite kriškom limuna ili limete.

OTOČKI ZALAZAK SUNCA

1 oz. Whaler's Rare Stock Rum

1 oz. Whalerov fini bijeli rum

1 velika žlica. sirup od marakuje

2 žličice soka od limete

prstohvat grenadina

kriška limete za ukras

    Protresite i ulijte u ohlađenu highball čašu s ledom. Ukrasite kriškom limete.

ŠUMSKI OTOK

1 ½ oz. VooDoo začinjeni rum

1 ½ oz. Crveni rum

2 unce soka od guave

2 unce soka od manga

½ unce svježeg soka od limete

½ unce svježeg soka od limuna

Pomiješajte s ledom i poslužite u visokoj čaši.

TALIJANSKA COLADA

1 ½ oz. Portorikanski bijeli rum

¾ unce slatkog vrhnja

¼ oz Coco Lopez krema od pravog kokosa

2 unce soka od ananasa

¼ unce Amaretta

Pomiješajte s 1 žlicom smrvljenog leda.

ŽAD

1 ½ oz. Portorikanski bijeli rum

¾ unce soka od limete

1 velika žlica. šećer

trostruka crtica sek

blaga krema od peperminta

Tresti. Poslužite s ledom.

JAMAJSKI SNIJEG

1¼ unce ruma

½ oz Blue Curacao

2 oz Coco Lopez krema od pravog kokosa

2 unce soka od ananasa

Pomiješajte s 2 šalice leda.

ODMOR NA JAMAJCI

11/3 oz. Rum Appleton Estate V / X Jamajka

½ breskve (oguljene ili iz konzerve)

Sok od ½ limete

1 čajna žličica. šećer

kriška breskve za ukras

Pomiješajte s 1 žlicom smrvljenog leda. Poslužite u koktel čaši. Ukrasite kriškom breskve.

JAMAJČANSKI SHAKE

1 čašica Myers Original Dark Ruma

1/2 šalice blendanog viskija

2 unce mlijeka ili vrhnja

    Pomiješajte s ledom.

JAMAJKA ZALAZAK SUNCA

2 oz ruma Wray & Grandson

2 unce soka od brusnice

3 unce svježe iscijeđenog soka od naranče

 Promućkajte sve sastojke s ledom i procijedite u Collinsovu čašu napunjenu ledom.

BUĐENJE ZA JAMAJKU

1 ½ oz. Rum Appleton Estate V / X Jamajka

vruću crnu kavu za vrh

šlag na vrhu

Ulijte Appleton Estate V/X Jamaica rum u šalicu za kavu. Ulijte kavu i ukrasite šlagom.

Ljubomorni ljubavnik

2 oz afričkog ruma Star

3 velike jagode

½ unce svježeg soka od limete

½ unce soka od ananasa

¾ unce jednostavnog sirupa

Zdrobite jagode. Promućkajte s ledom i procijedite u čašu za martini.

JONESTOWN HLAĐENJE

2 oz crvenog ruma

½ unce soka od ananasa

½ unce soka od brusnice

Protresite s ledom. Poslužite kao koktel ili shot.

JUMBLE BEER

1 oz. Cruzan rum od kokosa

1 oz. Rum od ananasa Cruzan

3 unce soka od naranče

gašeno vapno

Pomiješajte prva tri sastojka i dodajte malo limete. Ulijte u visoku čašu s ledom. Ukrašena egzotičnim cvijetom.

PLEŠI I POLJUBI ME

1/2 unce Wynde morskog ruma

½ unce Galliano likera

½ oz Marie Brizard Apry liker od marelice

crtica dr. Swami & Bone Daddy's gurmanska gorko-slatka mješavina

sok od naranče

sok od ananasa

    Promućkajte prvih pet sastojaka s ledom i procijedite u Collinsovu čašu. Prelijte sokom od naranče i ananasa.

PLES BANANA-NANA

1/3 šalice Cruzan banana ruma

1 med. Banana

1 limeta, ocijeđena

1 velika žlica. med ili vrlo fini šećer u prahu

1 čajna žličica. Ekstrakt vanilije

kriška ananasa za ukras

višnje za dekoraciju

Pomiješajte s 2 šalice smrvljenog leda dok ne postane glatko. Ulijte u čašu s drškom i ukrasite kriškom ananasa i trešnjom.

ZVJUČI PLAMEN

2 oz afričkog ruma Star

kriške svježeg limuna

¼ unce jednostavnog sirupa

piće s okusom limete

Zdrobite limun i stavite u blender s ledom, afričkim rumom Starr i sirupom. Ulijte u highball čašu. Prelijte sodom od limuna i limete.

KAHLUA COLADA

½ unce ruma

1 oz. Coco Lopez prava krema od kokosa

2 unce soka od ananasa

1 oz. Kahlua

Pomiješajte s 1 šalicom leda.

SAN O MASTER TURPIJAMA

1 ½ oz. svijetli rum

¾ unce soka limete od ruže

2 kuglice sladoleda od vanilije

Pomiješajte s ledom.

KEY WEST PJESMA

1¼ oz originalnog začinjenog ruma Captain Morgan.

1 oz. vrhnje od kokosa

2 unce soka od naranče

Miješajte dok ne postane glatko s 1 šalicom leda i ulijte u čašu.

UBITI 'COLU

2 oz Whaler's Killer kokosov rum

Spavati 1/2 oz

4 oz. Koks

višnje za dekoraciju

Ulijte u koktel čašu s ledom i ukrasite višnjom.

UBOJNA COLADA

3 oz Whaler's Killer kokosov rum

3 žlice. kokosovo mlijeko

3 žlice. narezani ananas

kriška ananasa za ukras

2 višnje za dekoraciju

Pomiješajte velikom brzinom s 2 šalice smrvljenog leda. Ulijte u ohlađenu hurricane čašu i ukrasite kriškom ananasa i trešnje.

RITA UBOJICA.

2 oz Whaler's Killer kokosov rum

1 oz. trostruka sekunda

1 oz. sok od ananasa

1/2 unce kokosovog mlijeka

diže do ruba stakla

maraskino višnje za ukras

Čašu za margaritu ukrasite solju. Promiješajte i ulijte u čašu za margaritu s ledom. Ukrasite višnjama maraskinom.

KAVA KINGSTON

4 oz. svježe skuhanu kavu

1 oz. Myers rum

žlica šlaga

pospite gorkom čokoladom u prahu

štapić cimeta za ukras

Ulijte prva dva sastojka u šalicu za kavu ili šalicu. Prelijte šlagom i prelijte glazurom od tamne čokolade. Ukrasite štapićem cimeta.

Kingston Kozmos

2 oz Appleton Estate V / X Jamaica rum

½ oz Cointreau

prelijte sokom od brusnice

gašeno vapno

Ulijte prva dva sastojka u čašu. Prelijte sokom od brusnice i malo limete.

KINGSTON KISELO

1 ½ oz. Rom Wray i unuk

kriška svježe kruške (i još jedna za ukras)

½ unce soka od jabuke

1/2 unce rakije od kajsije

prstohvat kisele mješavine

1/8 oz. krema od kasisa

Zdrobite prva tri sastojka, zatim snažno protresite sa svim ostalim sastojcima preko leda. Ulijte u čašu napunjenu ledom. Ukrasite kriškom kruške.

COCO-COLA

1 ½ oz. Cruzan rum od kokosa

2 unce sode

iscijediti limetu

Pomiješajte s ledom i poslužite preko leda.

KON-TIKI

1 ½ oz. Rim Sedam Tikija

2 unce nektara manga

2 unce soka od brusnice

šuplji absint

Ulijte u highball čašu s ledom. Tresti.

DOBRODOŠLI

3 oz malibu ruma

3 unce soka od ananasa

1 oz. mlijeko ili sladoled od vanilije

Pomiješajte s ledom.

gospodine HAMILTON

1 ½ oz. Pusser rum

1 čajna žličica. svježi sok od limete

Jednaki dijelovi:

    sok od marakuje

    sok od naranče

    đumbirovo pivo

SMIJEH

1 ½ oz. Rum Cockspur Old Gold

1 oz. sok od limete

1 čajna žličica. šećer

3-4 listića metvice

klub soda gore

Pomiješajte sok limete, metvicu i šećer u Collins ili Highball čaši. Lagano promiješajte da se menta razbije. Napunite čašu ledom do ¾. Dodajte rum Cockspur Old Gold. Stavite sodu na vrh. Dobro promiješajte.

SVJETLO I OLUJE

2 oz 10 trske ruma

3-4 oz piva od đumbira

½ unce svježe iscijeđenog soka limete

kriška limete za ukras

kandirani đumbir za ukras

Napunite čašu highball ledom. Pomiješajte sve sastojke i promiješajte. Ukrasite kriškama limete i kandiranim đumbirom.

SVJEŽI LIMUN

2 oz Brinley Gold Lime ruma.

3 unce gaziranog pića (ili soda od limuna i limete ako volite slađe)

1 kriška limete

Ulijte prva dva sastojka u čašu. Ocijedite i ukrasite kriškom limete.

VAPNO LUAU

1 oz. Whale Big Island banana rum

2 unce votke

poškropite sokom limete

prelijte sirupom od naranče

Pomiješajte s ledom i poslužite u koktel čaši.

LIMÓN MERINGUE PITA ŠOT DRINK

2 oz Bacardi Limon rum

1 oz. Disaronno Originalni amaretto

šećer za glazuru

pripremljeni šlag (po mogućnosti iz konzerve)

Neka vam netko pospe šećer u prahu po jeziku, a zatim pijuckajte Bacardi Limón prožet Disaronno amarettom, ali nemojte ga progutati. Neka vam netko ulije šlag u usta, zatim zamahnite i progutajte mali komad kolača.

SLIKA LJUBAVI

1 oz. Rim

½ unce likera od banane

½ oz triple sek

1 oz. sok od naranče

1 oz. sok od ananasa

kriška naranče za ukras

kriška ananasa za ukras

kriška banane za ukras

Ukrasite kriškama naranče, ananasa i banane.

ŠTAP LJUBAVI

Rum u boji Cockspur pet zvjezdica od 2 oz

1 oz. Cockspur bijeli rum

½ oz triple sek

1 oz. sok od ananasa

1 oz. sok od naranče

1 oz. sok od limete

¾ unce voćnog sirupa

Dobro protresite s ledom. Ulijte u visoku čašu.

SRETAN TEMELJ

¾ oz Rum Bacardi Light

¼ oz Hiram Walker anis

¼ oz Hiram Walker krema od bijelog kakaa

¾ unce vrhnja

MALIBU ACOMPÁÑAME

2 dijela Malibu kokosovog ruma

1. dio Hiram Walker Triple Sec

poškropite svježim sokom limete

MALIBU POSLIJE TAN

1 dio Malibu kokosovog ruma

1 dio bijele kakao kreme

2 kuglice sladoleda od vanilije

Pomiješajte s ledom i poslužite u posebnoj čaši.

MALIBU BANANA KRAVA

1½ dijela kreme

1 dio Malibu tropskog ruma od banane

1 dio Malibu kokosovog ruma

prstohvat grenadina

naribani muškatni oraščić za posipanje

kriške banane za ukras

Promućkajte i procijedite u čašu za koktel. Pospite muškatnim oraščićem i ukrasite ploškama banane.

MALIBU BANANA-SPLIT BOBIČASTO VOĆE

1 dio Malibu tropskog ruma od banane

1 dio votke Stoli Razberi

sok od limuna

jednostavan sirup

Protresite s ledom i poslužite u maloj čaši.

MALIBU BANANA MANGO BREEZE

1 dio Malibu tropskog ruma od banane

1 dio Malibu mango ruma

1 dio svježe kisele mješavine

1 dio soka od brusnice

MALIBU BANANA PRVA

1 dio Malibu tropskog ruma od banane

1. dio Kahlúa

pospite rakijom od peperminta

MALIBU SPLIT BANANA

1 dio Malibu tropskog ruma od banane

mrvicu amaretta

mrvica kakao kreme

šlag za ukras

višnje za dekoraciju

Ukrasite šlagom i višnjom.

MALIBU BANANA TROPIC-TINI

1½ dijela malibu tropskog banana ruma

½ dijela rakije od breskve

žlica pirea od manga

pospite nektarom marakuje

višnje za dekoraciju

Protresite i poslužite kao martini. Ukrasite trešnjom.

BANANA MALIBU ZINGER

2 oz Malibu tropskog banana ruma

2 mjerice sorbeta od limuna

2 oz mješavine kiseline

kriška limuna za ukras

Pomiješajte u blenderu s 2 šalice leda. Ukrasite kriškom limuna. Priprema 2 pića.

PLAŽA MALIBU

1 ½ oz. Malibu rum

1 oz. Vodka Smirnoff

4 oz. sok od naranče

Poslužite s ledom.

MALIBU PLAVA LAGUNA

1 dio Malibu kokosovog ruma

4 dijela soka od ananasa

¾ plavi dio curacaoa

MALIBU KARIBI

3 dijela Malibu kokosovog ruma

1 dio Martel konjaka

½ dijela ananasa

½ dijela svježeg soka od limuna

kriška limuna za ukras

Poslužite s ledom. Ukrasite kriškom limuna.

MALIBU COCO COLADA MARTINI

3 dijela Malibu kokosovog ruma

1. dio Hiram Walker Triple Sec

½ dijela prave Coco Lopez kreme od kokosa

½ dijela svježeg soka limete

kriška limete za ukras

Poslužite u čaši za martini. Ukrasite kriškom limete.

MALIBU COCO-COSMO

2 dijela Malibu kokosovog ruma

trostruko prskanje sek

poškropite sokom od nara

prelijte sokom od brusnice

poškropite sokom limete

komadić limete za ukras

Promućkajte s ledom i procijedite u čašu za martini. Ukrasite kriškama limete.

MALIBU COCO-LIBRE

1 dio Malibu kokosovog ruma

3 dijela kole

kriška limete za ukras

Poslužite s ledom u visokoj čaši. Ukrasite kriškom limete.

MALIBU KREMA KOKOS

2 dijela Malibu kokosovog ruma

1 mjerica smrznutog jogurta od vanilije

sok od naranče za punjenje

Prva dva sastojka ulijte u čašu i prelijte sokom od naranče. Tresti. Poslužite kao plovak. Može se i izblendati u blenderu i poslužiti kao koktel.

MALIBU HLADNJAK ZA KOKOS

2 dijela Malibu kokosovog ruma

2 dijela sode limuna i limete

1 dio soka od limete

Poslužite s ledom u visokoj čaši.

MALIBU LJETO BEZ KRAJA

2 dijela Malibu tropskog ruma od banane

1 kriška limuna

1 kriška limete

kriške banane za ukras

Zgnječite limun i limetu. Dodajte rum u Malibu Tropical bananu. Protresite i procijedite u čašu za martini. Ukrasite kriškama banane.

MALIBU FRANCUSKI NOGOMET

1 dio malibu ruma od marakuje

poškropite Martell konjakom

poškropite limunovim sokom

prelijte jednostavnim sirupom

DJEVIČANSKI OTOK MALIBU

2 dijela Malibu kokosovog ruma

½ dijela likera od breskve

½ dijela amaretta

MALIBU MANGO BAY BREEZE

2 dijela Malibu Mango ruma

1½ dijela soka od brusnice

1½ dijela soka od ananasa

MALIBU MANGO KAMIKAZE

1 dio Malibu mango ruma

1 dio Stoli votke citrusa

½ trostrukog dijela sek

¾ svježeg soka limete

MALIBU MANGO-LIMETA MARTINI

1½ dijela Malibu mango ruma

1½ dijela Stoli Vanil votke

1 dio soka od limete

1 dio jednostavnog sirupa

MALIBU MANGO OVO NIKADA

2 dijela Malibu Mango ruma

1 dio soka od naranče

1 dio soka od ananasa

poškropite sokom limete

prelijte jednostavnim sirupom

¼ unce tamnog ruma

Prvih pet sastojaka ulijte u čašu i pažljivo ulijte tamni rum.

MALIBU MARGARITA

1¼ dijela kokosovog ruma Malibu

1 dio Tezon tekile

½ dijela plavog curacaoa

½ dijela svježeg soka limete

1½ dijela zaslađenog soka od limuna

Istresti sadržaj u ledeno hladnu čašu za miješanje i procijediti u posebnu ledenu čašu. Ukrasite kriškom limete.

MALIBU MEGA-ORAH

2 dijela Malibu kokosovog ruma

liker od lješnjaka

piće s okusom limete

naribani kokos za ukras

Ulijte prva dva sastojka u visoku čašu s ledom i dodajte sok od limuna i limete. Ukrasite listićima kokosa.

MALIBU MEKSIČKA MAMA

1 dio Malibu kokosovog ruma

½ dijela Kahlúa likera od kave

½ dijela kreme od bijele mente

1½ dijela kreme

Promućkajte s ledom i procijedite u čašu s mrvljenim ledom. Ukrasite s 2 listića mente.

PONOĆNA MALIBU BREZA

1 dio Malibu kokosovog ruma

½ dijela Malibu tropskog banana ruma

1 dio plavog curacaoa

sok od ananasa za nadjev

Gradite s ledom. Može se ostaviti lelujavim ili slojevitim.

MALIBU NOĆE LIBRE

1 dio Malibu kokosovog ruma

3 dijela kole

poškropite sokom limete

kriška limete za ukras

Poslužite u Collins čaši. Ukrasite kriškom limete.

PLAŽA MALIBU

1 oz. Malibu rum

½ unce Baileys Irish Cream

Poslužite kao shot.

MALIBU KOLADA OD NARANČE

1 ½ oz. Malibu rum

1 oz. trostruka sekunda

4 oz. Coco Lopez prava krema od kokosa

MALIBU ORANGE PASSION

1 dio malibu ruma od marakuje

1 dio Stoli votke

2 dijela soka od naranče

PLODOVI MALIBUOVE STRASTI ZA SVEMIROM

1 dio malibu ruma od marakuje

1 dio Stoli Vanil votke

1 dio soka od brusnice poprskati tonikom

MALIBU SAKE OD MARAKUJE-TINI

1 dio malibu ruma od marakuje

1 dio Stoli votke

½ dijela sakea

pospite pireom od marakuje

MALIBU PASSION POPPER

1 dio malibu ruma od marakuje

prskanje cole

poškropite sokom od višanja

Promućkajte s ledom i procijedite u malu čašu.

MALIBU ČAJ OD STRASTI

1 dio malibu ruma od marakuje

2 dijela ledenog čaja

1 dio sode limun limeta

kriška limete za ukras

Poslužite s ledom u visokoj čaši. Ukrasite kriškom limete.

KOZMOPOLITSKI ANANAS MALIBU

1½ dijela malibu ruma od ananasa

¾ dijela Hiram Walker triple sek

¾ svježeg soka limete

¾ dijela soka od brusnice

kriška limete za ukras

Protresite u ledeno hladnu čašu za miješanje i procijedite u vrlo hladnu čašu za koktele. Ukrasite kriškom limete.

MALIBU ANANAS KUGLICA

2 dijela malibu ruma od ananasa

prelijte sokom od brusnice

raspršena kisela smjesa

MALIBU ANANAS

2 dijela malibu ruma od ananasa

2 dijela soka od ananasa

smjesa kiseline za punjenje

kriška ananasa za ukras

Ulijte prva dva sastojka u visoku čašu i napunite slatko-kiselom smjesom. Ukrasite kriškom ananasa.

MALIBU ANANAPLETINI

2 dijela malibu ruma od ananasa

½ trostrukog dijela sek

poškropite sokom limete

poškropite sokom od naranče

kriška naranče za ukras

Promućkajte s ledom i procijedite u čašu za martini. Ukrasite kriškom naranče.

MALIBU RUM KUGLICA

2 dijela Malibu kokosovog ruma

2 dijela likera od dinje ili pirea od dinje

MALIBU SOL

3 dijela Malibu kokosovog ruma

½ dijela amaretta

½ dijela ananasa

½ dijela svježeg soka od limuna

Poslužite s ledom u rocks čaši.

MALIBU LJETNA KIŠA

1 dio Malibu kokosovog ruma

1 dio Stoli votke

1 dio svježeg soka limete

2 dijela sode

kriška limete za ukras

Poslužite s ledom u visokoj čaši i ukrasite kriškom limete.

MALIBU Tan

1 ½ oz. Malibu rum

5 oz ledeni čaj

sok od limuna

Poslužite s ledom.

MALIBU SLATKI OTROV

1 dio Malibu mango ruma

poškropite sokom limete

prelijte sokom od brusnice

prskanje Bacardi 151 ruma

MALIBU TEQUILA BANANA

1 dio Malibu tropskog ruma od banane

1 dio tequile Tezón Reposado

poškropite sokom limete

MALIBU TROPICAL BANANA SEX-A-PEEL

1 dio Malibu tropskog ruma od banane

½ dijela Frangelico

1/2 dijela irske kreme

višnje za dekoraciju

Protresite i poslužite s ledom. Ukrasite trešnjom.

MALIBU TROPSKA BREZA

1 dio Malibu kokosovog ruma

1 dio soka od brusnice

2 dijela soka od ananasa

kriška ananasa za ukras

Poslužite u visokoj čaši i ukrasite kriškom ananasa.

MALIBU TROPICAL BLAST

2 dijela Malibu kokosovog ruma

2 dijela soka od ananasa

1 dio soka od nara

Poslužite s ledom u visokoj čaši.

TROPSKA OAZA MALIBU

2 dijela Malibu kokosovog ruma

1 dio amaretta

2 dijela smrznutog jogurta od vanilije

1 dio soka od naranče

1 dio soka od ananasa

prstohvat meda

Izblendajte i poslužite kao smrznuti koktel.

MALIBU TROPSKA SANGRIJA

2 dijela Malibu tropskog ruma od banane

2 dijela crnog vina

1. dio 7UP

1 dio soka od naranče

svježe voće za ukrašavanje

višnje za dekoraciju

Ukrasite svježim voćem i trešnjama.

MALIBU TROPSKA KISELINA

1¼ dijela Malibu tropskog banana ruma

¾ kisele jabuke Hiram Walker

¾ dijela svježe kisele smjese

narančasti vadičep za ukras

Protresite i procijedite u čašu za martini. Ukrasite narančastim vadičepom.

MALIBU TROPSKI ZALAZAK SUNCA

1½ dijela malibu tropskog banana ruma

1 dio soka od naranče

1 dio sode limun limeta

višnje za dekoraciju

Ukrasite trešnjom.

MALIBU VANILIJA BANANA-TINI

1½ dijela malibu tropskog banana ruma

2½ dijela Stoli Vanil votke

mrvicu amaretta

Narančasti uvojak za ukras

Ukrasite kriškama naranče.

MALIBU DREAM VANILLA

1 dio Malibu kokosovog ruma

½ dijela Stoli Vanil votke

½ dijela soka od ananasa

MAJKA WANA

1 oz. Rum s narančom cruzana

1 oz. Cruzan banana rum

Ulijte malo grubog leda u čašu.

KRALJ MAMBA

1 oz. Rum Tommy Bahama White Sand

1 oz. kokosov rum

½ oz Tommy Bahama Golden Sun ruma

½ unce likera od banane

3 unce soka od ananasa

koplja ananasa za ukras

Istresti u čašu za pilsner s ledom. Ukrasite šiljcima ananasa.

LJUDJEDAC

1 oz. Whalerov fini bijeli rum

4 oz. Koks

½ unce grenadina

višnje za dekoraciju

Ulijte u koktel čašu s ledom. Ukrasite trešnjom.

MANGO BAJITO

1 oz. Captain Morgan je aromatiziran rumom

½ oz triple sek

3 unce soka od manga

poškropiti šampanjcem

Dobro izmiješajte s mrvljenim ledom. Poslužite u čaši za koktel ili milkshake.

MANGO (ILI GUAVA) DAIQUIRI

1 ½ oz. Bačva ruma

½ unce svježe iscijeđenog soka limete

¼ unce jednostavnog sirupa

¾ unce nektara manga (ili nektara guave)

1 čajna žličica. šećer

kriška limete za ukras

Promućkajte s ledom i procijedite u vrlo ohlađenu čašu za martini. Ukrasite kriškom limete.

SAN ZAMRZNUTOG MANGA

1¼ oz Mango rum Captain Morgan Parrot Bay

½ unce Amaretta

½ oz triple sek

2 unce soka od naranče

1 kuglica sladoleda od vanilije

narančasti krug za ukras

Miješajte dok ne postane glatko s 1 šalicom leda i ulijte u čašu. Ukrasite narančastim kotačićem.

MANGO MADRAS

1 ½ oz. Parrot Bay Mango rum

2 unce soka od brusnice

2 unce soka od naranče

kriška naranče za ukras

Ulijte u čašu s ledom i promiješajte. Ukrasite kriškom naranče.

MANGO NIKADA OVO

1¼ oz. Captain Morgan Parrot Bay Mango rum

1 ½ oz. mješavina kamilice

1 ½ oz. sok od ananasa

¼ unce orgeat sirupa

¼ unce grenadina

kriška ananasa za ukras

trešnja s peteljkom za ukras

Promućkajte s ledom i ulijte u čašu. Ukrasite kriškom ananasa i peteljkom trešnje.

MANGO MAMBO

1 ½ oz. Hiram Walker Rakija od manga

1 ½ oz. Malibu Tropical Banana Rum

Protresite s ledom. Poslužite ravno u vrlo ohlađenoj čaši za martini.

PROLIVANJE MANGA

¾ unce Bačva ruma

¾ unce nektara manga

2 oz šampanjca Moët Nectar

Pomiješajte s ledom i procijedite u ohlađeni šampanjac.

MARTY MOJO

Prvi dio autentičnog Marti ruma

1 dio soka od ananasa

1 dio soka od brusnice

grančica metvice za ukras

ananas za dekoraciju

Dobro protresite i poslužite u čaši za martini. Ukrasite grančicom svježe mente i ananasom.

MARIJA PICKFORD

1 ½ oz. Portorikanski bijeli rum

1 ½ oz. sok od ananasa

pospite grenadinom

Promućkajte s 1 mjericom zdrobljenog leda.

MIAMI SPECIJAL

1 oz. Bacardi svijetli rum

¼ oz Hiram Walker krema od bijele mente

¾ unce soka od limuna ili soka od limete

Protresite i ulijte u vrlo ohlađenu čašu za martini.

MILIJUNAŠ

¾ oz originalnog začinjenog ruma Captain Morgan.

1/2 unce krem likera od banane

2 unce soka od naranče

1 oz. smjesa kiselina

½ unce prst sirupa

½ unce grenadina

Pomiješajte prvih pet sastojaka s 1 šalicom smrvljenog leda dok ne dobijete prskalicu. Dodajte grenadine i lagano promiješajte.

MILIJUNAŠ I NJEGOVA ŽENA

1 oz. Malibu mango rum

1 oz. Liker Alize Red Passion

šampanjac

limunova kora za ukras

Prva dva sastojka promućkajte s ledom i procijedite u čašu za martini. Odozgo prelijte šampanjcem i ukrasite koricom limuna.

LUDA MISIJA

2 oz ruma od kitove vanilije

¾ unce Amaretta

2 unce soka od marakuje

2 unce soka od naranče

kriška limete za ukras

višnje za dekoraciju

Napunite uragan čašu ledom. Ulijte sastojke u shaker i dobro promiješajte. Prelijte ledom i ukrasite kriškom limete i trešnjom.

MO BAIA MARTINI

2 oz Appleton Estate V / X Jamaica rum

¼ unce ekstra suhog vermuta

masline za ukras

Promućkajte s ledom i procijedite u čašu za martini. Ukrasite maslinama.

MOJITO (267 POTPIS MANGA)

2½ oz 267 infuzije ruma od manga

4 grančice svježe mente (plus još za ukras)

poškropite gaziranom vodom

kriška limete za ukras

Na dno čaše zdrobite četiri grančice svježe metvice. Dodajte infuziju ruma od manga s malo sode. Ukrasite kriškom limete i još grančica mente.

MOJITO (jabuka kruška)

1. dio Bacardi Limón

1. dio Bacardi Big Apple

2 listića metvice

2 dijela soka od ananasa

2 dijela sode

2 kriške limete

1 velika žlica. šećer

U čaši pomiješajte šećer, listiće mente i limetu i dobro izgnječite. Dodajte Bacardi Limon, Bacardi Big Apple i sok od ananasa, a zatim prelijte sodom.

MOJITO (PČELA)

Dio 1 Rum Bacardi

3 dijela sode

12 listova metvice

Sok od ½ limete

1 velika žlica. med

grančice mente ili krug limete za ukras

U čašu dodajte listiće mente i mrvljeni led. Dobro zgnječite mužarom i tučkom. Dodajte sok od limete, med i Bacardi; Dobro promiješati. Prelijte sodom na vrh, promiješajte i ukrasite grančicama mente ili kolutićem limete.

MOJITO (ZLATNI BERMUDI)

2 oz ruma Gosling's Gold Bermuda

6-8 listova zelene metvice

¼ unce svježeg soka od limete

1 čajna žličica. Super fini šećer

1/2 unce klub soda

¼ oz ruma Black Seal iz Goslinga

U velikoj vintage čaši zgnječite sok limete, šećer i listiće mente (nekoliko ostavite za ukras), dobro izgnječite mentu. Dodajte Gosling's Gold Bermuda rum i led. Prelijte gaziranim sokom i rumom Gosling Black Seal. Ukrasite preostalim listićima mente.

MOJITO (velika jabuka)

1 dio ruma Bacardi Big Apple

3 dijela sode

12 listova metvice

½ limete

½ dijela šećera

grančice mente, kriške zelene jabuke za ukras

U čašu dodajte listiće metvice, šećer i limetu. Dobro zgnječite mužarom i tučkom. Dodajte rum Bacardi Big Apple, prelijte sodom, dobro promiješajte i ukrasite grančicom mente i kriškom zelene jabuke.

MOJITO (LIMETA BRINLEY)

2 dijela ruma Brinley Gold Lime

3 dijela sode

½ limete

6 listova metvice

1 čajna žličica. šećer

Ocijedite i zgnječite ½ limete. Pomiješajte s mrvljenim ledom.

MOJITO (RUM KOKOS)

1 dio Bacardi Coco ruma

3 dijela sode limuna i limete

12 listova metvice

½ limete

grančice metvice za ukras

U čašu dodajte listiće metvice i limete te dobro izgnječite. Dodajte rum i sodu te ukrasite grančicama mente.

MOJITO (KRASTAVAC)

1 ½ oz. 10 kanti ruma

1 oz. svježe iscijeđen sok od limete

1 oz. jednostavan sirup

8-10 listića mente

4 komada oguljenog krastavca

klub soda gore

kriška/štapić krastavca za ukras

Dodajte jednostavan sirup, listiće mente i krastavac na dno visoke čaše. Lagano pritisnite batom i mužarom. Napunite zdrobljenim ledom. Dodajte 10 trsaka i sok od limete. Lagano promiješajte i ulijte sodu. Ukrasite kriškom ili štapićem krastavca.

MOJITO (ĐUMBIR)

1 dio Bacardi ruma

3 dijela piva od đumbira

12 listova metvice

½ limete

½ dijela jednostavnog šećera

Kao originalni Bacardi Mojito, ali s pivom od đumbira umjesto sode.

MOJITO (VELIKA DINJA)

1 dio ruma Bacardi Grand Melon

3 dijela sode

12 listova metvice

½ limete

½ dijela šećera

grančice metvice za ukras

kotačić limete ili kriška lubenice za ukras

U čašu dodajte listiće metvice, šećer i limetu. Dobro zgnječite mužarom i tučkom. Dodajte Bacardi Grand Melon rum, prelijte sodom, dobro promiješajte i ukrasite grančicom mente i kriškom limete ili kriškom lubenice.

MOJITO (RUM S LIMUNOM)

1 dio ruma Bacardi Limón

3 dijela sode

12 listova metvice

½ limete

½ dijela šećera

grančice metvice za ukras

kolut limete ili limuna za ukras

U čašu dodajte listiće metvice, šećer i limetu. Dobro zgnječite mužarom i tučkom. Dodajte Bacardi Limón rum, prelijte sodom, dobro promiješajte i ukrasite grančicom metvice i kolutićem limete ili limuna.

MOJITO (BACARDI S NISKIM KAL.)

1 dio Bacardi ruma

3 dijela sode

12 listova metvice

½ limete

3 Splenda vrećice

grančice metvice za ukras

kriška limete za ukras

U čašu dodajte listiće mente, Splenda i limetu. Istucite mužarom i tučkom. Dodajte Bacardi, zatim sodu. Dobro izmiješajte i ukrasite grančicama mente i kriškom limete.

MOJITO (MANGO MALIBU)

2½ dijela Malibu mango ruma

½ dijela svježeg soka limete

½ dijela jednostavnog sirupa

3-4 grančice mente (plus dodatno za dekoraciju)

3 kriške limete (plus 1 za ukras)

2-3 kapi sode

Ulijte sok limete i jednostavan sirup u čašu. Dodajte kriške mente i limete i dobro promiješajte sadržaj. Dodajte led, Malibu mango rum i malo sode. Ukrasite kriškom limete i grančicama mente.

MOJITO (MALIBU STRAKUJKA)

2 dijela Malibu Passion ruma

3 žlice. svježi sok od limuna

2 žlice. šećer

klub soda

svježa menta

MOJITO (Milijunaš)

1 ½ oz. 10 kanti ruma

½ unce jednostavnog sirupa

1 oz. svježe iscijeđen sok od limete

8-10 listića mente

poškropite šampanjcem Moët & Chandon

grančica metvice za ukras

Dodajte jednostavan sirup i listiće mente na dno visoke čaše. Lagano pritisnite batom i mužarom. Napunite zdrobljenim ledom. Dodajte 10 trsaka i sok od limete. Lagano promiješajte i prelijte šampanjcem Moët & Chandon. Ukrasite grančicom metvice.

MOJITO (MALIBU NOCHE BLANCA)

3 dijela Malibu kokosovog ruma

1 dio svježeg soka limete

1 dio jednostavnog sirupa

1 dio gaziranog pića

8 listića mente

vapneno kolo za ukras

Poslužite u Collins čaši. Ukrasite kolutićem limete.

MOJITO (O)

1 dio Bacardija ili ruma

3 dijela sode

12 listova metvice

½ limete

½ dijela šećera

grančice metvice za ukras

krug limete ili naranče za ukras

U čašu dodajte listiće metvice, šećer i limetu. Dobro je istucati u mužaru. Dodajte Bacardi OR rum, prelijte sodom, dobro promiješajte i ukrasite grančicom metvice i kolutićem limete ili naranče.

MOJITO (ORIGINALNI BACARDI)

1 dio Bacardi ruma

3 dijela sode

12 listova metvice

½ limete

½ dijela šećera

grančice mente ili krug limete za ukras

U čašu dodajte listiće metvice, šećer i limetu. Dobro je istucati u mužaru. Dodajte Bacardi, prelijte sodom, dobro promiješajte i ukrasite grančicom metvice ili kolutićem limete.

MOJITO (RUM OD CRVENE BRESKVE)

1 dio ruma Bacardi Peach Red

3 dijela sode

12 listova metvice

½ ribolova

½ dijela šećera

grančice metvice za ukras

kriška breskve za ukras

U čašu dodajte listiće mente, šećer i breskvu. Dobro zgnječite mužarom i tučkom. Dodajte rum Bacardi Peach Red, prelijte sodom, dobro promiješajte i ukrasite grančicama mente i kriškom breskve.

MOJITO (SONNY'S)

½ limete, izrezane na kriške

2 žlice. šećer

½ oz Chateaux pepermint rakije

1 oz. Bolji Bacardi rum

Led

klub soda gore

vapneno kolo za ukras

Dodajte limetu i šećer na dno od 8 oz. stakla Dodajte rakiju, led i Bacardi. Prelijte sodom na vrh i ukrasite kolutićem limete.

MOJITO (ljuto)

1 ½ oz. Flor de Cana ekstra suhi rum star 4 godine

2 lubenice, izrezane na kockice od 1 inča

1 kriška jalapeña

10 listova svježe metvice

¾ unce svježeg soka od limete

½ unce jednostavnog sirupa

1 ½ oz. klub soda

trokut lubenice za ukras

kriška jalapena za ukras

grančica metvice za ukras

Dodajte krišku jalapena i kockice lubenice u čašu za miješanje. Pobrkati s metvicom. Dodajte 4 godine stari Flor de Cana ekstra suhi rum, jednostavan sirup i sok od limete. Dodajte led i protresite. Procijedite u highball čašu sa svježim ledom i ukrasite sodom. Dodajte gaziranu vodu barskom žlicom. Ukrasite trokutićem lubenice, kriškom jalapeña i grančicom mente.

MOJITO (TRADICIONALNI / KUBANSKI)

1 oz. Bacardi svijetli rum

1 velika žlica. šećer

1 velika žlica. sok od limete

6 inča grančica metvice

napuniti ledom

3 oz klub soda

2 kapi Angostura bitera

U Collinsovu čašu dodajte šećer, sok limete i metvicu. Stručak mente zdrobite u mužaru i začinite sokom i šećerom. Dodajte rum, napunite čašu ledom i na vrh dodajte sodu i biter. Dobro promiješajte. Lijepo se provedi!

MOJITO (VODENI KLUB)

1 ½ oz. Bacardi svijetli rum

1/2 unce svježe iscijeđenog soka od limuna

½ unce svježe iscijeđenog soka limete

1 oz. Guarapo (ekstrakt šećerne trske)

½ oz Blue Curacao

6 listova metvice

poprskati klupsko piće

svježa menta za dekoraciju

Dobro protresite s ledom. Poslužite u Collins čaši i ukrasite svježom mentom.

MOJITO (šumsko voće)

1 ½ oz. Pyrat XO rezerva ruma

2-3 svježe kupine, borovnice i maline

12-14 listova svježe metvice

Sok od 1 limete

1 oz. jednostavan sirup

poškropite gaziranom vodom

grančica metvice za ukras

šećer u prahu za dekoraciju

Pomiješajte mentu, jednostavan sirup, bobičasto voće i sok od limete u 14 oz. highball staklo. Napunite čašu mrvljenim ledom, zatim dodajte Pyrat XO Reserve rum. Dobro promiješajte dok se led ne smanji za 1/3, zatim dodajte još zdrobljenog leda, miješajte dok se vanjski dio čaše ne počne stvrdnjavati. Pospite gaziranom vodom i posljednji put promiješajte da se sjedini. Ukrasite s dvije dugačke slamke i grančicom mente, posute šećerom u prahu.

MOJITO (ZIMA)

1 ½ oz. Ron Anejo Pampero Special Rum

¾ unce svježeg soka od limuna

¼ unce javorovog sirupa

2 kapi Angostura bitera

6 grančica metvice

Zdrobite 5 grančica mente i gorke tikve u shakeru. Dodajte Ron Anejo Pampero Especial rum, limetu i javorov sirup. Ostavite da se odmori 1 minutu. Snažno protresite. Ulijte u staromodnu duplu čašu sa svježim ledom. Ukrasite preostalom grančicom mente. Napravljen vrućom vodom, postaje igračka.

MOJITO MARTINI

1 ½ oz. Bacardi Limón

1/2 unce votke s limunom

½ limete, narezane na četvrtine

8 listića mente

Napunite čašu za martini smrvljenim ledom da se ohladi. Napunite shaker do pola smrvljenim ledom. Dodajte ostale sastojke, poklopite i tucite oko 1 minutu. Izvadite led iz čaše i ulijte mojito.

MAJČINA SANGRIJA

8 kriški Red Delicious jabuke

2 manje naranče narezane na tanke četvrtine

12 jagoda, narezanih na ploške

2 limuna, tanko narezana

12 unci svježe iscijeđenog soka od naranče

12 unci svježeg soka od limuna

6 oz Jednostavan sirup

2 štapića cimeta

8oz Pyrat XO rezerva ruma

8 oz cedra

2 boce španjolskog crnog vina

7UP iznad

Gore navedene sastojke, osim 7UP, stavite u veliku staklenu posudu. Pokrijte i stavite u hladnjak preko noći. Kada ste spremni za posluživanje, ulijte u vrč napunjen ledom, 2/3 pun. Dodajte nasjeckano svježe voće i prelijte 7UP. Lagano promiješajte da se sjedini. Poslužite u vinskim čašama s ledom.

POSEBAN MAJMUN

1 oz. tamni rum

1 oz. svijetli rum

1/2 unce banane, oguljene

2 unce sladoleda od vanilije/čokolade

komadići čokolade za dekoraciju

Pospite komadićima čokolade.

KLJUČNI majmun

1 ½ oz. Roman Sailor Jerry Spiced Navy

sok od grejpa za punjenje

Ulijte Sailor Jerry Spiced Navy rum preko leda u Collins čašu. Napunite sokom od grejpa i promiješajte.

MARGARETA OD MONTAGUE

1 ½ oz. Rum Appleton Estate V / X

½ oz triple sek

2 unce soka od limuna ili limete

1 mjerica zdrobljenog leda

Pomiješajte. Poslužite u visokoj čaši.

U NASTAVKU MJESECA

1 oz. Admiral Nelson Raspberry Rum

1 oz. Admiral Nelson kokosov rum

1 oz. Votka

1 oz. Sloe's gin

½ unce Amaretta

2 unce soka od naranče

3 unce soka od ananasa

višnje za dekoraciju

limunova kora za ukras

Dobro protresite i ulijte u visoku čašu s ledom. Ukrasite višnjama i koricama limuna.

MORGANOVA LOPTA

1¼ oz originalnog začinjenog ruma Captain Morgan

3 unce soka od ananasa

bijeli creme de menthe plutati

Pomiješajte prva dva sastojka s ledom. Plutajući bijeli creme de menthe. Poslužite u visokoj čaši.

JOLLY ROGER OD MORGANA

¾ oz originalnog začinjenog ruma Captain Morgan.

¾ unce rakije s cimetom

Poslužite kao shot.

CRVENA MORGAN RUST

1 oz. Captain Morgan Original začinjeni rum

1/2 unce rakije od kupina

2 unce soka od ananasa

1/2 unce limunovog soka

Tresti.

RIM KOJI JE OSVOJIO ALEXANDER MORGAN

1 oz. Captain Morgan Original začinjeni rum

1/2 unce kakao kreme

1 oz. teška krema

naribani muškatni oraščić za posipanje

Promućkajte i procijedite u čašu. Pospite muškatnim oraščićem.

ŽENA Morgan

¾ oz originalnog začinjenog ruma Captain Morgan.

¾ unce Amaretta

tamna kakao krema za kupanje

Poslužite kao shot.

GAY DEL MONTE GRINDER

1 ½ oz. Rum Monte Gay

sok od brusnice za nadjev

sprej 7UP

Poslužite u visokoj čaši.

GOSPOD. LIZATI

1 oz. Gosling Rum Black Seal

1 oz. liker od kajsije

sok od ananasa za nadjev

pospite grenadinom

Protresite s ledom i poslužite s ledom.

MTB I đumbir

1½ dijela malibu tropskog banana ruma

đumbirovo pivo

kriška limuna za ukras

Ukrasite kriškom limuna.

SCREZZO Isključeno

1 oz. Roman Terranova Screech

¼ unce Triple Sec ili Grand Marnier

2 unce vrhnja ili mlijeka

Složite Terranova Screech i triple sec ili Grand Marnier preko nekoliko kockica leda u čaši. Prelijte vrhnjem ili mlijekom. Nitko te ne može čuti kako vrištiš...

MYERS UMAK OD JABUKA

1 1/2 čašica Myers ruma

1 kriška naranče

6 unci kuhane jabukovače

Pomiješajte u šalici otpornoj na toplinu.

Myersov toplinski val

¾ oz Myersov izvorni tamni rum

½ oz rakije od breskve

6 unci soka od ananasa

1 mrvica grenadina

Ulijte prva dva sastojka u čašu s ledom. Napunite sokom i ukrasite grenadinom.

MYERS LONAC ZA MED

2 oz Myers ruma

1 velika žlica. med

6 oz tople vode

prstohvat ribanog muškatnog oraščića

Na dnu šalice otporne na toplinu pomiješajte med i Myers rum dok se med ne otopi. Napunite vrućom vodom. Miješajte dok se ne sjedini. Pospite muškatnim oraščićem. Melasa se po želji može zamijeniti medom.

MYERS LIMUN DROPS

Popio sam Myers rum

2-3 kocke šećera

sok od ½ limuna

6 oz tople vode

1 štapić cimeta

Pjenasto izmiješajte šećer, Myersov rum i limunov sok u zdjeli otpornoj na toplinu dok se šećer ne otopi. Dodajte vruću vodu. Umiješajte štapić cimeta dok se dobro ne sjedini.

LIZARD U MYERS LOUNGE

1 oz. Myers rum

½ oz Leroux Amaretto

cola nadjev

kriška limete za ukras

Pomiješajte prva dva sastojka u visokoj čaši s ledom. Napunite colu. Ukrasite kriškom limete.

RUM I VRUĆA TROPSKA KARA

16 unci Myers ruma

4 oz. slatka i kisela vruća čokolada

jagode prelivene čokoladom za ukras

Ulijte u šalicu i ukrasite komadićima tamne čokolade. Ukrasite jagodama prelivenim čokoladom.

BOCA RUM OF MYERS

Popio sam Myers rum

8 oz Vruće piće s okusom cole

kriška limuna za ukras

Lagano umiješajte u čašu ili šalicu otpornu na toplinu. Ukrasite kriškom limuna.

DOBRO DOŠAO MYERS ROME

2 oz Myers ruma

1 čajna žličica. šećer

6 oz toplog čaja

½ oz triple sek

prstohvat muškatnog oraščića

U šalici otpornoj na toplinu pomiješajte prva četiri sastojka. Pospite muškatnim oraščićem.

MYERS'S ROM HOLIDAY GROG

1 oz. Myers rum

4 oz. svježi, vrući jabukovača

kriške tanko narezanih limuna i naranči načičkanih klinčićima za ukras

Ulijte u šalicu. Ukrasite kriškama limuna i naranče.

MYERS'S ROM HOLDAY NOG

4 oz. Myers rum

1 litra otopljenog nemasnog sladoleda od vanilije

maraskino višnje za ukras

grančice metvice za ukras

Pomiješajte u velikoj zdjeli i ohladite. Ulijte u žličice šampanjca i svaku ukrasite višnjom maraskina i grančicom svježe mente. Poslužuje se od 6 do 8.

RUM MYERS VRTNI PUNČ

1¼ oz Myers ruma

3 unce soka od naranče

sok? limun ili limeta

1 čajna žličica. Super fini šećer

prstohvat grenadina

kriška naranče za ukras

maraskino višnja za ukrašavanje

Protresite ili miksajte dok ne postane pjenasto. Poslužite preko mrvljenog leda u highball čaši. Ukrasite kriškom naranče i višnjom maraskina.

MYERS' ROM SHARKBITE

1¼ oz Myers ruma

sok od naranče za punjenje

pospite Roseovim grenadinom

Ulijte Myers rum u čašu preko kockica leda. Napunite sokom od naranče i dodajte mrvicu grenadina od ruže.

SUNČANI KOKTEL MYERS RUM

1¼ oz Myers ruma

2 unce soka od naranče

2 unce soka od grejpa

½ žličice Super fini šećer

mrvica gorke Angosture

višnje za dekoraciju

Mućkajte s ledom dok ne postane pjenasto i ulijte u čašu s mrvljenim ledom. Ukrasite trešnjom.

MYERS SIZZER

Popio sam Myers rum

1 velika žlica. kakao u prahu

1 velika žlica. šećer

1 šalica kuhanog mlijeka

preliveno tučenim slatkim vrhnjem

pospite instant kavom ili kakaom u prahu

Pomiješajte kakao i šećer u šalici otpornoj na toplinu. Dodajte toplo mlijeko i Myers rum. Miješajte dok se kakao ne otopi. Filovati šlagom i posuti instant kavom ili kakaom.

PUNCH BANCO DI MIRTO

1¼ oz originalnog začinjenog ruma Captain Morgan.

¼ unce grenadina

1 oz. sok od limete

1 čajna žličica. šećer

¼ unce likera od višanja

višnje za dekoraciju

kriška naranče za ukras

Ulijte prva četiri sastojka u posudu od 10 oz. staklo preko zdrobljenog leda. Prelijte likerom od višanja i ukrasite kriškom višnje i naranče.

GROG MARINO

½ oz ruma Sailor Jerry Spiced Navy

½ unce votke

1/2 unce tekile

½ oz triple sek

1 oz. Makaroni

1 oz. sok od naranče

1 oz. sok od ananasa

1 oz. sok od borovnice

kriška naranče za ukras

višnje za dekoraciju

Promućkajte s ledom i ulijte u hurricane čašu. Ukrasite kriškom naranče i trešnjom.

NEON

5 oz Captain Morgan Parrot Bay kokosov rum

1 oz. Grappa Black Haus

3 unce soka od ananasa

Poslužite s ledom.

NEWFOUNDLAND NIGHT CAP

1¼ oz ruma Terranova Screech

1-2 žličice smeđeg šećera

za punjenje kave

šlag na vrhu

Ulijte prva dva sastojka u šalicu za kavu. Napunite kavom i promiješajte. Ukrasite šlagom. Ponesite ga sa sobom u krevet!

NILLA COLA

1 oz. Whaler Vanilla Rum

5 unci koka-kole

gašeno vapno

kriška limete za ukras

Ulijte u koktel čašu s ledom. Ukrasite kriškom limete.

NINETINI

1 oz. Angostura 1919 Premium rum

1/2 unce naranče curacao

2 oz mješavine slatkog i kiselog

½ žličice šećer

4 kapi aromatične gorčice Angostura

Tresti.

NUFF RUM

2 oz ruma Wray & Grandson

3 unce kamenog vina od đumbira

½ unce Limoncella

½ unce sirupa od breskve

3 kapi Angostura bitera

svježi sok od jabuke za plovak

narančina kora za ukras

limunova kora za ukras

Dodajte starinsku čašu s kockicama leda i promiješajte. Ukrasite koricom naranče i limuna.

NYOTA (SVAHILSKA ZVIJEZDA)

3 oz afričkog ruma Star

1 ½ oz. pire od acerole

Šampanjac Llopart Rosa Cava

žute trešnje za dekoraciju

Prva dva sastojka promućkajte s ledom i procijedite u čašu za martini. Uz Llopart Rosa Cavu ili neki drugi šampanjac. Ukrasite žutom trešnjom.

STARE BERMUDE

1 ½ oz. Rum Gosling Gold Bermuda

6 listova metvice

2 kapi bitera

1/2 unce soka od limete

½ unce jednostavnog sirupa

¼ unce šampanjca

komadić limete za ukras

Zdrobite listiće mente u shakeru do pola napunjenom ledom. Dodajte Goslingov rum, bitters, sok limete i jednostavan sirup. Dobro protresite i ulijte u Collinsovu čašu. Prelijte šampanjcem. Ukrasite kriškama limete.

"SAVRŠEN" KOKTEL.

1 ½ oz. Bačva ruma

½ unce Gran Marnier

1/2 unce nektara manga

¼ unce svježe iscijeđenog soka limete

kriška manga za ukras

Promućkajte s ledom i procijedite u vrlo ohlađenu čašu za martini. Ukrasite kriškom manga.

NARANČASTA ZDJELA

1 oz. Bacardi ili rum

4 oz. sok od naranče

2 oz piva od đumbira

1 oz. Bacardi Select rum

kriška naranče za ukras

štapić cimeta za ukras

Ulijte prva četiri sastojka u čašu za vino. Na vrh nanesite rum Bacardi Select. Ukrasite kriškom naranče i štapićem cimeta.

KOLADA NARANČA

2 oz narančastog ruma Cruzana

1 15 oz limenke Coco Lopez Prava krema od kokosa

4 oz. sok od ananasa

4 oz. sok od naranče

Pomiješajte s 4 šalice leda.

ORIGINALNA PIÑA COLADA

2 unce portorikanskog svijetlog ruma (ili za nešto drugačije, probajte Captain Morgan Parrot Bay Coconut Rum)

1 oz. Coco Lopez prava krema od kokosa

1 oz. teška krema

6 unci svježeg soka od ananasa

kriška ananasa za ukras

maraskino višnja za ukrašavanje

Miješajte 15 sekundi s ½ šalice smrvljenog leda. Ulijte u posudu od 12 oz. stakla Ukrasite kriškom ananasa i višnjom maraskina. Dodajte crvenu slamku. Savjet: Za najbolji tropski okus uvijek koristite svježi sok od ananasa, nikada iz konzerve ili izmiksani.

ZLATO I SODA

2 oz oronoco ruma

piti

kriška limete za ukras

Ulijte Oronoco rum u rocks čašu s ledom. Pospite sodom bikarbonom i promiješajte. Ukrasite kriškom limete.

ZLATO Cosmo

2 oz oronoco ruma

1 velika žlica. Veliki Marnier

1 velika žlica. sok od borovnice

1 velika žlica. sok od limete

komadić limete za ukras

Promućkajte s ledom i procijedite u vrlo ohlađenu čašu za martini. Ukrasite kriškama limete.

www.ingramcontent.com/pod-product-compliance
Lightning Source LLC
Chambersburg PA
CBHW070421120526
44590CB00014B/1492